Florescer em si

PREPARAÇÃO
Fabiana Rolim

PROJETO GRÁFICO
Lura Editorial

DIAGRAMAÇÃO
Juliana Blanco

REVISÃO
Alessandro de Paula

DESIGN DE CAPA
Lura Editorial

Todos os direitos desta edição
são reservados à Dália Pacheco

LURA EDITORIAL – 2020
Rua Manoel Coelho, 500. Sala 710
São Caetano do Sul, SP – CEP 09510-111
Tel: (11) 4318-4605
Site: www.luraeditorial.com.br

Todos os direitos reservados. Impresso no Brasil.

Nenhuma parte deste livro pode ser utilizada, reproduzida ou armazenada em qualquer forma ou meio, seja mecânico ou eletrônico, fotocópia, gravação etc., sem a permissão por escrito do autor.

Catalogação na Fonte do Departamento Nacional do Livro
(Fundação Biblioteca Nacional, Brasil)

Pacheco, Dália
    Florescer em si / Dália Pacheco. 1ª Edição, Lura Editorial - São Paulo - 2020.

ISBN: 978-65-86626-47-6

1. Auto-ajuda   2. Desenvolvimento pessoal   I. Título.

Índice para catálogo sistemático:

www.luraeditorial.com.br

Florescer em si

Dália Pacheco

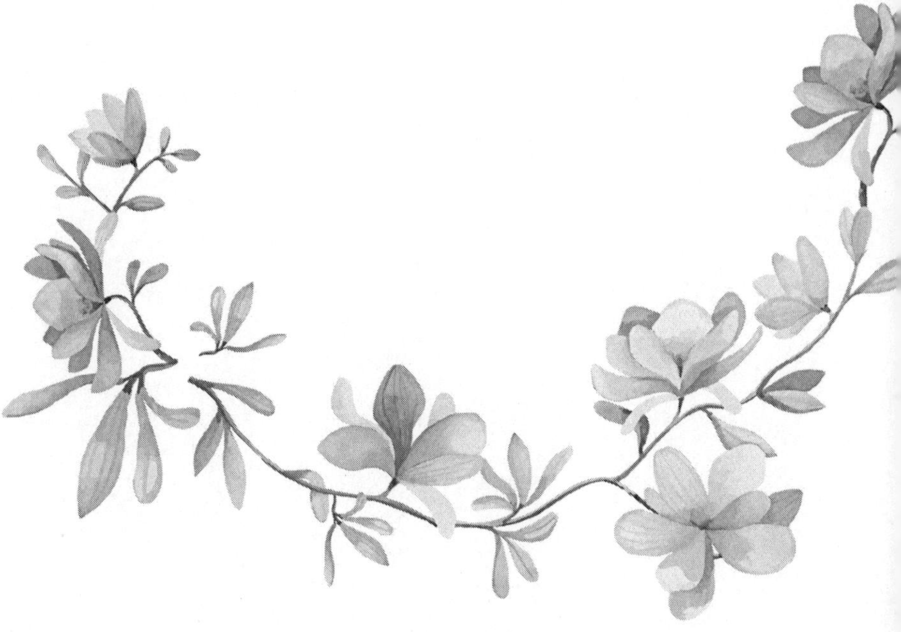

lura
EDITORIAL

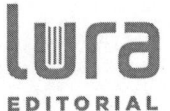

Agradecimentos

Quero agradecer primeiramente a Deus, pela vida e por ser quem sou.

À minha mãe, Maria, pelo exemplo de força e coragem.

Ao meu pai, Domingos, pelo coração grande e por estar sempre pronto para ajudar. Meu Anjo – Sesé (*in memoriam*) – e sua família pela oportunidade de renascer.

Ao meu esposo, Alvaro Pacheco, por todo amor, respeito, parceria e por acreditar que sou capaz.

Aos meus filhos, Sara e Miguel, pela compreensão, amor e respeito, principalmente nos momentos de fraqueza.

Aos meus sogros Wilma (in memoriam), Antonieta (Tia Nieta) e Pacheco (Papito), por todo carinho e respeito, e pelo melhor presente que já recebi – Alvaro.

Aos meus irmãos que nunca desistiram de lutar por dias melhores.

E todas as pessoas maravilhosas que passaram e permanecem comigo nessa caminhada.

Um agradecimento especial para minha amiga e escritora Fabiana Rolim, por todo o suporte e carinho. Por não me deixar desistir e contribuir para que o meu sonho se tornasse real.

Sumário

Capítulo 1 - Conheça o meu Jardim 9

Capítulo 2 - Lançando as Sementes 19

Capítulo 3 - Em Busca da Terra Fértil 25

Capítulo 4 - Para Florescer É Preciso Adubar 37

Capítulo 5 - As Estações para Florescer 47

Capítulo 6 - Quando Vêm as Tempestades 53

Capítulo 7 - Quando Chega a Primavera 71

Este é o seu capítulo 77

O verdadeiro milagre, nossa fé.

Capítulo 1

Conheça o meu Jardim

Convido você para fazer uma breve viagem ao passado e entrar numa casa de interior no Sertão da Bahia. Esta era uma casa simples, sem muitos recursos. Por fora, ela era feita de barro, com uma porta de madeira dividida ao meio, estilo holandesa, e uma janela. Ao entrar nela, você caminhará por um piso de cimento e verá que as paredes são de tijolinhos com barro. Na sala, uma grande mesa com dois bancos de madeira e dois quadros na parede: coração de Jesus e coração de Maria (Deus, como você perceberá, está sempre muito presente em todos os detalhes desta história). Em alguns poucos segundos você perceberá que esta casa é pequenina: limita-se a três cômodos, sendo distribuídos em uma sala e dois quartos. Longe de qualquer luxo, a cozinha fica fora destes cômodos e o banheiro, bem, por incrível que pareça, não tem banheiro nesta casa.

Ali, ao redor de uma típica casa de roça do interior você é capaz de encontrar, uma cobertura de madeira com telhas de cerâmica que abriga um fogão a lenha, um suporte de madeira com uma bacia de alumínio, aparato utilizado para lavar a louça, e um pilão de madeira para pisar os grãos, café, milho, gergelim. Esta casa não tinha energia elétrica (solar, então, nem pensar!), motivo pelo qual não havia qualquer eletrodoméstico. Para iluminar, lampiões. Para passar as roupas, ferro à brasa. Saudosa lembrança do radinho de pilha, não havia televisão. Os móveis eram só os básicos: mesa, cadeiras, bancos de madeira, camas e armário, este só no quarto dos pais, porque no outro quarto as caixas de papelão ficavam espalhadas para acomodar os pertences.

Não existia ali telefone, água encanada e muito menos esgoto. A água para todo o consumo vinha de um tanque natural e, para o seu transporte, carregávamos a lata d'água na cabeça ou na carroça. Como não tinha fossa, as necessidades eram feitas nos arredores... cada um dava seu jeitinho, apesar do risco para a saúde.

Não vá embora ainda... esta é a casa da minha família, meu berço e onde vivi os meus primeiros aprendizados! Estou abrindo a porta para você! Fique mais um pouco para eu te contar como era a nossa vida por lá...

Para lavar as roupas, era necessário percorrer longos passos, afinal alguns quilômetros separavam a casa até o tanque concedido pela natureza: um local com muitas pedras, plantas e uma pequena cachoeira. Este era um lugar lindo e era lá que eu, durante a minha infância, passava maior parte do dia: lavando roupas em cima de uma pedra grande, em meio à natureza. Durante a atividade, tinha a companhia dos calangos, que com o medo, nunca me acostumei a eles, sapos e até mesmo cobras. Ao finalizar a atividade passava pelo grande desafio de retornar, pois molhadas as roupas tornavam a bacia muito pesada... e eu sempre precisava de auxílio para colocá-la na cabeça sobre uma tolha enrolada que era chamada de rodinhas. O trabalho concluía quando estendia as roupas no cercado de arame farpado, que ficava ao redor da casa.

Caminhando por ali, você é capaz de encontrar material para trabalho na roça e manuseio com animais, enxadas, material para plantios, escavador manual, semeadores manuais e rastelos, e roupas de couro dos vaqueiros. Ao redor da casa um grande terreiro com plantas, carroça, carrinho de mão, tachos de madeiras para alimentar os animais. Neste cenário existia uma variedade de animais: cachorros, cabras, papagaios. Ah! Também era possível visualizar as montanhas que faziam o contorno natural daquele lugar, com muitas árvores no tom cinza na maioria do tempo, afinal esta casa está na caatinga que, muitas vezes, é castigada pela seca. Mas nos períodos de chuva... ah! Ali desabrochava um verde lindo de ver.

Sim, você deve ter percebido que é uma casa simples, que os que ali vivem não desfrutavam de privilégios e batalhavam para ter uma vida com as suas necessidades básicas alcançadas.

Ali, nesta casa de roça da Fazenda Bom Sucesso, o Sr. Domingos e Dona Maria viveram dias de trabalho árduo para manterem a família. Ele criava animais, como cabras, vacas, ovelhas, cavalos, jegue, e plantava feijão, milho, melancia, melão, abóbora, hortaliças. Ela, dona de casa, costureira e professora, registro que foi a primeira professora de todos os filhos e as crianças daquela localidade, envolvia-se nas rotinas de cuidados com o lar e era responsável pela produção das vestimentas da família e de muitos conhecidos.

Foi nesta casa simples que eu nasci e vivi por toda a infância. Ao todo éramos 11 pessoas e em certos momentos alguns parentes vinham ficar conosco para passar dias e até meses.

Eles ajudavam o meu pai com os animais na época que tinha troca de local do pasto. Recordo-me que em um determinado momento meu pai chegou a sofrer um acidente de cavalo, o que o obrigou a ficar alguns meses em uma cama. Então, esse auxílio dos parentes e amigos era necessário para que as atividades continuassem.

Perto da primavera de 1984 foi quando nasci. Era o dia 4 de setembro, num final de tarde de uma terça-feira. Nasci ali mesmo na roça, através de um parto domiciliar. Pelo contexto narrado você já deve ter deduzido que a minha mãe pariu sozinha, sem médico ou assistência especializada. Uma realidade bem diferente da que presenciamos hoje em dia, nos quais os partos domiciliares são acompanhados por toda uma equipe profissional como médico, doula, psicólogo e enfermeira obstétrica, para garantir a assistência à parturiente. Mesmo assim, Deus permitiu que tudo fosse tranquilo.

Meu nome chegou bem antes de mim: escolhido por meu pai, logo quando casou com a minha mãe, anotou numa agenda. Dália seria o nome de sua primeira filha! Antes de mim, nasceram quatro filhos homens.

Enfim a Dália chegou! Este nome carrega em si um significado puro, belo e perfumado: grupo de plantas originárias do México. E, quando você tiver um tempinho, sugiro que pesquise sobre estas plantas: algumas têm um formato de pétalas longas, outras com pétalas em formato de tubinhos e até em formato de pompons. E a Dália do Sr. Domingos e da Dona Maria havia chegado quando a primavera anunciava a sua chegada!

Depois de mim, vieram mais seis irmãos! E foi ali naquela simples casa de roça que passei a minha infância. Éramos uma escadinha... que iniciou quando meu pai, Seu Domingos, conhecido como Seu Galego do Bonsucesso, e Dona Maria, Eva, como chamavam minha mãe localmente, se conheceram. Seu Domingos morava com o seu pai, o meu avô que foi um grande homem poeta, e sua tia. Durante a sua juventude, teve uma banda com o seu irmão, Forró das Antigas, onde tocava triângulo e ajudava na organização do evento. Os shows eram realizados nas localidades próximas, nos eventos da igreja, casamentos, feriados, etc. e foi justamente em um destes que conheceu a minha mãe. Não tardou a chegar o casamento. Porém, não tinham casa: após o casamento meus pais foram morar na Fazenda Bonsucesso, com a tia. Meu avô faleceu em um acidente de trânsito. Após alguns anos conseguiram construir a própria casa.

Gosto de lembrar que formamos uma escadinha, vocês vão ler muito essa palavrinha por aqui, pois eu gosto de me referir desta forma: lembra progresso, subida. Mesmo que aconteça a descida é porque já subiu e voltar ao topo é questão de aprendizado e tempo. Somos a escadinha de Seu Galego do Bonsucesso e Eva: a cada ano ou ano e meio, a minha mãezinha tinha um filho, ou dois (ficou confusa a história? Chego já nesta parte). Após um ano de casados veio o primeiro filho: José Roberval, nome adulto para uma criança, mas é isso aí, teria que ter muita criatividade para os próximos capítulos.

Seu Galego insistia na Dália dele, mas acho que minha mãe não gostava muito da ideia desse nome, pois talvez tivesse dúvidas de onde surgiu. Depois veio o Lindomar Edson (se eu fosse eles começavam a economizar e não colocar tanto nome em uma criança só). No outro ano foi a vez do Pedro Roberto (era tanto nome, pena das crianças para aprender escrever suas identidades). Chegou mais um ano e outra criança: Leonel Garcia (eu ainda fico pensando que casal inspirado para colocar nomes em bebês ainda bem que Deus deu esse dom). No ano seguinte outro bebê? Sim, claro! A Eudália Maria, ou melhor, a Dália do Seu Galego (não sei bem o que aconteceu na hora de registrar: alguém colocou a afirmação de que eu sou "eu"). Mas vamos seguindo que tem mais gente, e nesse novo ano quem? Juarez César. Está achando que acabou? Se sim, errou: é a vez da Edna Maria. Mainha achou melhor garantir a filiação e colocar o Maria nas "filhas", mas uma amiga falou que era melhor mudar, senão ela iria encher a casa de filhos. Bom, depois chegou Edivania sem "Maria", mas retirar o Maria de Vania não foi a melhor opção. Minha irmã sentiu tanto a falta do Maria, que jurava que colocaria depois... A dica da amiga não foi a melhor, após retirar o "Maria" minha mãe teve os gêmeos: Márcio e Maciel, "dupla sertaneja" (o sonho de mãe, acredito). Teve um anjinho que não tive o prazer de conviver, mas tenho certeza que é nossa proteção. Anos depois foi a vez de Elisângela, nossa caçula. Aí encerraram a carreira. Ufa!

Talvez você, que me conhece hoje, deve estar se perguntando se foi uma infância difícil.... Sim, as coisas nunca foram fáceis, mas por qual motivo deveriam ser? Todos temos os nossos caminhos. Eu, desde pequena, sempre trabalhei ajudando minha mãe. Não tive nada que uma criança gostaria e sonhava naquela idade (jamais ganhei brinquedos, sapato e roupa novos: a condição não permitia estas "regalias". Assim, sempre herdava de alguém). Eu nem imaginava como seria um shopping.

É importante que eu faça aqui uma pausa e te explique algo importante: descrevo essa realidade não com tristeza, pois carrego comigo um grande sentimento de gratidão a Deus e aos meus pais por não me deixarem passar fome e por me ensinarem que não posso desanimar diante das dificuldades. Através de tudo o que vivi, aprendi que pedras no caminho sempre vão existir, mas que preciso saber usar cada uma delas como degraus na minha subida. Além do mais, durante a escalada, eu nunca posso esquecer de agradecer e valorizar tudo que tenho, mesmo sendo as mais simples coisas da vida.

As coisas eram sempre muito difíceis, por isso, nunca fui de ter tudo nas mãos. Como a expressão que utilizamos por aqui, "desde que me entendo por gente" (consigo recordar que, por volta dos 6-7 anos), eu já auxiliava nos afazeres domésticos, e assim aprendi cedo a correr atrás dos meus sonhos e objetivos. Ainda pequena eu aprendi a cozinhar e ajudar a minha mãe a cuidar dos meus irmãos mais novos.

Muitas pessoas podem imaginar que realizar tarefas assim poderia nutrir em mim o sentimento de inferioridade, diminuição. Porém, analisando melhor, foi aí o berço do meu aprendizado. Não guardo arrependimentos, rancores. Toda esta caminhada trouxe força para desenvolver a mulher que sou hoje! Sou mãe, esposa, trabalhadora, filha, irmã. Tenho responsabilidade para realizar meus sonhos e continuar aprendendo.

Apesar das dificuldades, nunca passamos fome. Por mais paradoxo que seja esta casa simples sempre estava de portas abertas para todos que ali chegavam, fossem parentes ou amigos. Com facilidade, consigo lembrar de várias vezes acordar na madrugada ao ouvir barulho de carro chegando. Prontamente meus pais acordavam, acendiam a lenha do fogão e preparavam comida para as visitas, com o maior carinho e satisfação. Não importava a hora: podia ser dia ou noite, a recepção acontecia como que um grande abraço àqueles que chegavam.

Aprendi muito sobre companheirismo com os meus pais: apesar de não passarem a mão na cabeça de filho ou ficarem falando de amor, eles sempre ensinaram sobre ser forte, ter fé e não desistir. A minha mãe sempre demonstrou comportamento de mulher forte: se tivesse que mover montanhas para alcançar aquilo que sonhava, com certeza ela moveria. Seu Domingos tentava ser o equilíbrio e a razão da família, porém as "loucuras" de mainha – como ele gostava de dizer – sempre foram as melhores opções para nós. Mesmo em momentos de discordância, ele acabava por deixar ela conduzir os projetos, pois já sabia que no fundo já estava tudo decidido. Seu galego não gostava muito dessas invenções de estudar ("estudar pra quê?"). Quando mainha tinha as consultas ele perguntava: "Por que é que tu vive no médico, Maria?", mas eles se completam do jeitinho deles. Não posso deixar de lembrar com carinho dos momentos de contemplação das estrelas: Seu Galego colocava esteiras no terreiro, ficava contando histórias e Dona Maria falava das constelações: Três Marias, Três Reis Magos e Cruzeiro do Sul... Para o seu galego refeição era na mesa todos sentados e calados. Uma vez no mês filinha para tomar água de babosa (ô trem ruim)... esses momentos me fazem lembrar da importância da família, a fortaleza que éramos e que somos. Por isso valorizo estes momentos e busco passar isso para os meus filhos. São as riquezas que não têm um preço, porém muito valor.

Até aqui, você deve ter percebido que tive bons exemplos a seguir: meus pais sempre foram exemplo de trabalho, eles não deixavam que faltasse nada dentro de casa, por mais simples que fosse a nossa realidade. Minha mãe era responsável pela renda fixa da família, que era mantida através do salário de professora. O meu pai, por sua vez, corria atrás da renda extra desenvolvendo as atividades da agricultura e pecuária: plantação de milho, feijão e várias outras coisas; criação de gados, caprinos e ovinos.

Nunca foram de passar a mãos na cabeça de filho: desde sempre mostraram que os nossos objetivos são nossos e de mais ninguém. Então se você tem um, realize e corra os riscos. Ah! E se não sair como planejado, recomece, lembre-se essa missão é sua, não tente arranjar culpados pelo não sucesso, você é o único responsável, aceite as críticas, quando você analisá-la, vai saber se deve ou não usar essa informação (desde que seja ao seu favor).

Essa caminhada é longa e vai gerar bons frutos, somos gratos, pois são exemplos de que não vai ser fácil, mas o que importa é continuar a caminhada, e se cair levantar. Meus pais sempre foram firmes na criação dos filhos, e graças a essa educação são todos pessoas de bem.

Você pode voar, acredite!

Capítulo 2

Lançando as Sementes

A minha infância aconteceu naquela terra, com as dificuldades que as limitações daquele contexto nos impunham. Diferente da realidade de outras crianças, não passava horas brincando com bonecas ou outros brinquedos; desde cedo já compartilhava as tarefas domésticas com a minha mãe.

Desde pequenininha tomava conta da casa e ajudava minha mãe com meus irmãos. Assim eu lavava e passava roupas, arrumava a casa e cozinhava. Lembro-me da época, por volta dos seis, sete anos, que eu necessitava de ajuda para colocar uma bacia de roupas lavadas na cabeça. Para isso, eu sentava no chão e meu irmão – que é um ano mais velho – empurrava da pedra à bacia para que eu conseguisse colocá-la na cabeça e, assim, levar para casa aquela roupa que eu tinha lavado. Uma tarefa que me deixava com torcicolo todas as vezes que concluía.

Apesar da pouca idade, chegavam a mim responsabilidades de gente grande. Até presenciei situações que muitas pessoas, até em sua fase adulta, talvez nem tenham presenciado. Um exemplo que quero compartilhar é o dia em que precisei cuidar de minha mãe enquanto sofria um aborto espontâneo. Não compreendia muito a situação, mas para mim era como se estivesse vivendo em um filme de terror e com uma forte emoção de medo, derivada da sensação de que podia perder a minha mãe a qualquer momento. Estávamos eu, ela e meus irmãos em casa. Ela perdia muito sangue e passou a maior parte do tempo desfalecida. Os meus irmãos choravam a todo o momento e eu tive que ser forte para ajudá-la. Fazia o que estava ao meu alcance. A situação iniciou pela manhã na nossa casa e o socorro só chegou às 18h. Seu Domingos, muito nervoso com toda a situação, tentava ajuda com os parentes próximos e auxiliava com materiais para os cuidados (água morna, roupa de cama). Meu irmão Roberval tinha nessa época uns quinze ou dezesseis anos, e foi para a cidade em busca de ajuda, utilizando uma bicicleta para o seu transporte e teve que percorrer 48 km em busca de socorro.

Cessado o processo, fui com o meu pai no quintal da casa fazer o enterro do meu irmãozinho – ele tinha quatro meses e parecia um bonequinho – me lembro de que o coloquei em uma caixinha e depois fizemos uma oração. Depois de um dia tenso, desaguei em choro, mas estava tão preocupada com minha mãe que não tinha noção do que teria que enfrentar no futuro por conta desse momento: por anos tive pesadelo e medo de dormir **e fiz xixi na cama até os meus 11 anos.**

Além das responsabilidades de gente grande, também carreguei sofrimentos que poucas pessoas imaginam e que marcaram a minha vida: fui vítima de abusos – momentos difíceis de minha vida – que iniciaram por volta dos cinco anos de idade. Instalavam-se dentro de mim, naqueles momentos, sensações e sentimentos que ficariam enraizados: raiva, medo, falta de proteção. Não gostava do lugar, não me sentia protegida. Não entendia ao certo o que era tudo aquilo, mas sabia que não era certo e que me machucava.

A fuga desta realidade acontecia através da escrita. Guardo com carinho as recordações do meu avô: ele, que amava escrever, me entusiasmou a fazer isso. Como não tínhamos condições, ele guardava os papéis de embalagem do fubá e os utilizava para colocar ali lindas poesias. Foi uma grande inspiração. Através da leitura e escrita eu sonhava um mundo diferente para mim.

Sabia que tinha em minha mãe a grande força e fé para chegar onde eu quisesse. E assim comecei a entender que ali não poderia ser o meu lugar. Ali era a história do meu pai e da minha mãe, a minha precisava ser escrita de uma forma diferente por mim.

A vida no sítio tinha os seus pontos positivos. Mas, em minha caminhada, algumas situações me causavam desconforto: a necessidade que eu sentia de estudar, situações de violência que vivenciei por parte de familiares (assédio) e um desejo ardente de buscar o melhor que a vida poderia proporcionar.

Apesar da pouca idade, acreditava que aquela vida não fazia sentido para mim. Na verdade, aquela era a vida escolhida por minha mãe (ou talvez não). Uma certeza eu tinha: se eu realmente quisesse mudar teria que sair dali, pois não me imaginava, e nem queria continuar, vivendo daquela maneira. Então eu buscava imaginar minha vida diferente, e todas as noites pedia a Deus para de alguma maneira me colocar no caminho que me levasse a esse objetivo. Precisava ser resgatada, precisava de um milagre, precisava sair da zona de conforto. Entendi que era necessário mudar para a cidade, para estudar e ter uma vida na qual pudesse ajudar minhas irmãs.

Assumir a responsabilidade por nossa vida é entender que tudo vai depender de nós. Entenda que só você pode decidir e encarar com maturidade e gratidão os recomeços que se tornarem necessários. E na minha história eu tive um anjo, que de uma forma iluminada e gentil me salvou, me acolheu, me deu uma chance que eu nunca nos melhores sonhos poderia dimensionar, mas que sempre tinha almejado. Nas noites sombrias dos meus pensamentos eu pedia a Deus para não me deixar.

Só depende de você.

Capítulo 3

Em Busca da Terra Fértil

Onze anos de idade é o momento em que a menina ainda brinca de boneca, algumas estão entrando na adolescência, muitas ainda carregam em si sonhos nada concretos... foi justamente nesta idade que eu saí da casa dos meus pais.

Para me auxiliar nesta parte da caminhada, uma amiga da família (um verdadeiro anjo) me acolheu. A cidade escolhida? Juazeiro! Na minha bagagem, algumas roupas, um pouco de receio, muitos sonhos e vontade de fazer tudo dar certo. Sim, isso tudo numa garota de apenas onze anos de idade.

Medo? Não, não tive! Medo mesmo eu tinha de ficar na roça e não ter aquele futuro que tinha sonhado para mim. Era só olhar ao meu redor para perceber, mesmo ainda tão nova, que ali eu não poderia nutrir perspectiva nenhuma. Ninguém – nem eu, nem os meus irmãos – teria a possibilidade em florescer numa terra tão inóspita para as oportunidades. Assim, imaginei que se conseguisse sair dali poderia crescer e talvez ajudá-los. Do contrário, ficar ali significava assumir uma vida resumida em oportunidades e, portanto, aquele contexto não era a minha opção. Era sair ou sair. Muitas vezes, para crescer, não temos escolha: precisamos fazer o que precisa ser feito.

Esta determinação chegou em mim, porque tive o melhor espelho: a minha mãe! Exemplo de mulher guerreira, teve onze filhos. Professora, viveu através da educação, cuidava dos filhos, era merendeira, costureira. Por muitas vezes eu, ainda pequena, ficava até altas horas da madrugada (quase beirando o raiar do novo dia) sentadinha ao seu lado observando costurar várias peças de roupas. Quis herdar dela esta determinação. Eram estas as imagens que carregava comigo para me fortalecer quando sentia falta da sua presença.

Claro que, por muitas vezes, nossa percepção busca o lado triste de uma história: em vários momentos eu senti a ausência do afeto de mãe e chegava até a acreditar que tudo o que havia acontecido de ruim na minha infância era culpa dela, afinal era dever de qualquer mãe cuidar dos filhos! Incontáveis vezes ficava chateada por ter que desempenhar afazeres domésticos, porque no fundo eu apenas queria ser criança. Porém, fazia parte de minhas atividades cuidar dos meus irmãos – e era praticamente uma mãe para eles.

Quando o tempo passa e a maturidade chega, é possível ressignificar e modificar a percepção desta história. Sim, hoje penso diferente! Olhar para trás e revisitar esta infância com dificuldades me faz perceber que tudo isso foi o grande impulso para me tornar quem sou. Foi a busca por uma nova, diferente e melhor realidade que me fez quem sou. Até a dificuldade tem o seu lado positivo. Até as tristezas nos trazem benefícios. E viver daquela forma me fez suportar as pedras no caminho, quando eu buscava uma vida digna.

Assim hoje tenho outra percepção das coisas e só a agradecer por tudo que sou. Carrego a certeza de que, se minha infância fosse maravilhosa, possivelmente não teria tanta força para buscar o melhor. Afinal, por qual motivo sairia da casa dos pais? Não fossem as dificuldades, tristezas e decepções, qual seria o meu impulso para construir os meus sonhos.

Hoje consigo até compreender a minha mãe e até imagino o quanto para ela foi difícil, pois não pôde aproveitar aqueles momentos com a gente também. Tenho a certeza, porém, que quando ela olha para cada filho consegue admirar os seus caminhos e tranquilizar-se, porque sabe que tudo o que fez foi para o bem. Dona Eva é uma mulher que se sente realizada, justamente por ter nos mostrado a força e a garra, o nosso exemplo para que também tivéssemos essa mesma atitude de não se contentar com o pouco ou situações não favoráveis.

Por toda esta vivência, o meu grande objetivo era sair da casa dos meus pais para estudar, pois via na educação a grande possibilidade de transformar essa realidade. Não pretendia casar para sair de casa, como muitos exemplos na época. Um grande medo dos pais era, ainda, ver a filha engravidar e sair de casa (outra possibilidade que estava muito distante dos meus planos).

"Você sabia que a filha de 'fulano' foi estudar na cidade e, em menos de um ano, voltou grávida. Escute bem: o que acontecer com Dálhinha é responsabilidade sua, só sua!", recordo-me de cada palavra do meu pai durante essa discussão com minha mãe enquanto decidiam a minha saída de casa tão nova. Quando ele saiu do quarto eu rapidamente entrei, deparei-me com a minha mãe chorando no quarto e já imaginei que a minha ida à cidade seria vetada, afinal seria um grande peso para ela assumir esta responsabilidade.

Naquele momento, olhando para mim, com lágrimas nos olhos e voz embargada ela perguntou se eu queria realmente ir. Prontamente respondi que sim. "Você sabe que só vai depender de você, a responsabilidade vai ser sua. Eu não tenho nada a perder, afinal o meu futuro é aqui. O que posso fazer é buscar o melhor para vocês e garanto a você que vou tentar sempre isso. Entenda, Dália, que se você fizer qualquer coisa que não deva fazer a única pessoa prejudicada é você. Estarei sempre de braços abertos, para receber quando quiser voltar, mas se lembre: essa oportunidade só aparece uma vez na vida, não jogue fora. Sei que você é uma menina com apenas onze anos de idade, mas sei a força que tem e o quanto é responsável, e lembre tudo que fizer de errado só destruiria seus sonhos e o de mais ninguém, e também fique à vontade se não estiver feliz, volte pra casa.". Estas palavras foram meu passaporte para uma nova vida. Eu não sabia o que aguardar. Mas sabia que estava disposta a fazer o melhor. Por mim e por eles. Guardei cada palavra na memória e no coração, e dei fôlego à minha coragem.

E assim começa meu caminho em busca da felicidade que tanto sonhei, porque sempre tive esta certeza: a de que eu vim para ser feliz. Nunca aceitei menos que isso. Algumas situações chegam até nós e quando estamos dentro do olho do furacão temos a sensação de que que não existe saída. Mas você não quer seguir aquele caminho, onde tudo de ruim aconteceu com você. Para construir um caminho, porém, você pode conquistar os seus atalhos, e precisa ser forte, ter fé em Deus e jamais olhar para você com pena. Amor próprio e fé em Deus, que a força vai brotar por todos os seus poros. Busque sempre criar oportunidades, para que as coisas aconteçam na sua vida. Não ache que Deus vai jogar as coisas nas suas mãos, Ele vai criando oportunidade e você tem que ser forte e agarrar.

Abençoada por minha mãe, fui em busca dos meus sonhos, da minha felicidade. Cada passo que dava à frente, deixava para trás tudo aquilo que não me fazia feliz. Claro que deixei uma parte do meu coração, mas aquela era a vida da minha mãe, não a minha... eu precisava seguir.

Sempre em algum momento da vida vamos ter que fazer uma escolha seja ela qual for, tem que ter força de vontade e fé de que tudo aquilo que buscamos vai valer a pena, e mesmo diante das dificuldades não baixar a cabeça e nunca se mostrar inferior a ninguém. A autoconfiança é seu escudo para enfrentar os monstros que chegarão para assombrar e te desmotivar diante dos desafios.

Neste caminho em busca do que eu acreditava ser o melhor para mim, só tenho a agradecer, afinal, Deus me presenteou com três famílias maravilhosas. Quando cheguei a Juazeiro fui muito bem acolhida por todos. Com certeza, estar numa cidade "grande" teria mais oportunidades do que na roça, apesar de que nunca me faltou comida e estudo.

Quando cheguei muita coisa mudou na minha vida, para melhor graças a Deus, claro que sentia muita falta dos meus pais e meus irmãos, mas não queria voltar nunca mais, era tudo que tinha pedido a Deus. Agora era fazer por onde e não destruir tudo que estava em construção. O anjo que me acolheu em sua casa tinha uma família linda e bem estruturada. A única coisa que tinha que fazer era respeitar, cuidar e ser a companhia dela, fazer isso não era difícil, pois já cuidava da casa e dos meus irmãos para minha mãe. E principalmente virar aquela página, para poder me reconstruir.

Lembro das noites ajoelhadas no chão do quarto pedindo a Deus para mostrar uma luz, uma saída, eu não aguentava mais ficar ali, já estava finalizando a 4ª série, o último ano naquela escolinha, precisava continuar estudando, queria um futuro melhor para mim.

Certo dia, meu irmão adoeceu e como consequência foi prescrito que se submetesse a uma cirurgia. Por conta do processo, ele precisaria permanecer em repouso na cidade de Juazeiro. Seriam 15 dias ao todo. Prontamente senti que esta seria uma grande oportunidade para mim, assim eu conseguiria ir a Juazeiro também. Era a minha chance, aquela que eu tanto queria. Pensando assim, pedi para minha mãe me deixar ir junto para acompanhar e cuidar dele. Nesta época, porém, minha mãe estava grávida à espera da minha irmã mais nova e decidiu que ela iria junto para que fizesse alguns exames do pré-natal.

Aquela noite me apeguei a Deus e pedi com todo o meu desejo que tocasse o coração da minha mãe para ela me deixar ir também. Só Ele entendia os meus motivos, a minha dor. O pedido foi atendido de forma que o não seria impossível: no outro dia, dia marcado para a viagem, não consegui levantar da cama, pois estava com febre altíssima. Minha mãe ficou tão preocupada, não tinha o que fazer a não ser me levar para o hospital. Chegamos à cidade com a minha febre já melhorando e a cirurgia do meu irmão foi um sucesso.

Assim, tudo foi se desenrolando como eu desejava: minha mãe voltou para casa e eu continuei em Juazeiro, cuidando do meu irmão e aproveitando as férias. Ali, naquela situação, foi uma época maravilhosa, pois tinha esquecido tudo que me deixava triste para trás.

Durante a quarta noite na cidade, enquanto brincava na rua em frente da casa que estávamos, uma cena me chamou muito atenção, pois se repetia todas as noites: uma linda e elegante senhora sentava em uma cadeira de balanço na calçada de sua casa, próxima ao local onde estava passando os dias com meu irmão. Naquela noite, sentei junto a ela e perguntei seu nome o que foi o pontapé inicial para iniciarmos uma conversa que se estenderia por todas as noites. Aquelas histórias eram ricas em fantasia e amor, com temáticas regionais tal qual o vapor tão conhecido pelos cidadãos desta terra. O seu esposo era muito conhecido por todos lá em casa, pois era muito amigo do meu pai e tinha algumas criações lá no Bom Sucesso, ele era aposentado da companhia de navegação – por isso as histórias do vaporzinho.

Nossa, que pessoa maravilhosa eu encontrei, realmente estava encantada. Assim desenvolvi uma rotina de contar as horas para encontrá-la todas as noites e, acredite, nem queria mais brincar com as crianças da vizinhança, afinal brilhavam os meus olhos ao ouvir aquelas histórias. Que presente poder conhecer mais aquela família. Assim foram todas as noites até a penúltima antes do meu retorno.

Para minha surpresa e desejo, na última noite a conversa mudou e veio na forma do mais belo convite. "Minha filha vai casar, o pai dela nem sempre está por casa e eu fico muito sozinha. Penso que seria bom ter alguém por aqui comigo... o que você acha de vir morar comigo e estudar?".

O momento que eu desejei gritar um sim prontamente! Era o meu grande sonho e a oportunidade para que ele, enfim, se realizasse. Ela continuou: "Precisamos da autorização dos seus pais, ficarei feliz se puder.". Certeza da presença de Deus naquele momento e em todos os outros da minha vida. Eu sabia que não seria fácil, mas que com certeza seria a oportunidade única, que jamais deveria deixar passar. Muita responsabilidade sim, mas estava pronta para qualquer desafio.

Meu anjo acabava de me resgatar, naquele final de ano conheci pela primeira vez na vida o que era o Natal, virada de Ano, aniversário, coisas que nunca tinha conhecido com 11 anos. Ter um quarto com uma cama só para mim, televisão, energia elétrica, eletrodomésticos. Era muita novidade. Só coisas boas chegando.

Nesta caminhada aprendi sobre as responsabilidades: manter uma convivência tranquila, respeitar, ter cuidado com o que eu falava, saber ouvir, tentar resolver tudo o que fosse possível de forma sempre solícita, jamais reclamar ou fazer corpo mole para nada, nunca reclamar só agradecer, eram essas coisas que ficavam passando na minha cabeça pra não esquecer.

Assim sempre busquei me adaptar aos ambientes, eu precisava me sentir em casa, então busquei estudar muito sobre como me comportar, amava ler, isso já era uma grande avanço, gostava de assistir aos programas de TV e observar as pessoas, sua maneira de falar, sentar, andar e comer... Não queria mudar quem eu era, a minha "essência", mas precisava me sentir bem, e pra isso precisava me expressar de maneira que não estava acostumada. Isso era um problema? Talvez!

Lembro que no colégio recebi alguns apelidos, tipo: a roceira, matuta e desengonçada. Isso me deixava triste? Acho que sim, penso que não e digo que talvez. Só sei que era o meu impulso para não desistir dos meus sonhos, então o que tinha para fazer era me adaptar à nova vida, e mudei sim. Estudei bastante, os professores se orgulhavam das minhas conquistas, participava dos programas estudantis, desfilava no Sete de Setembro, fui representante de turma, fui *Miss* do meu colégio com 16 anos.

Nesta caminhada sempre o lado mais difícil foi a saudade da família. Como se não bastasse, passei por preconceitos e julgamentos: era chamada de roceira e matuta. Mas isso até que não me tirava o brilho, pois sempre me orgulhei das minhas raízes e conquistas.

Manter a minha saúde mental também era difícil, mas importante para o convívio com minha nova família. Existia uma troca de carinho e dedicação de ambas as partes.

Ainda chegava a dificuldade financeira: o dinheiro era escasso. E aí eu procurava não me colocar na posição do outro para sentir falta. Por anos usei a mesma calça no colégio, porque não tinha dinheiro para comprar outra. Sempre tinha meu jeitinho para driblar esta situação: lembro que quando criança, olhando uma revista de moda, me apaixonei por uma calça, e recortei a calça para poder vestir (eu não sabia que não era bem assim). Às vezes minha tia me dava dez centavos, que era o preço do pão para comprar um pão e mesmo com vergonha sempre agradecia (e tinha vezes deixava para o outro dia, porque poderia comprar dois pães).

Porém, comecei a entender que todo o real sofrimento tinha ficado lá naquela outra vida da roça e que eu era outra pessoa, mais forte e feliz E tudo ficou bem claro quando encontrei Alvaro e ele passou a fazer parte da minha vida, percebi que tudo era uma ponte até ele. Percebi que tinha um leque de oportunidades e que não deveria desistir de tudo.

Quando você sofre alguma violência – seja criança, adulto ou idoso – não quer as pessoas te julgando ou com pena de você. Quer pessoas que possam apoiar e que acreditem sem questionar. Muitos não vão procurar ajuda. Pelo julgamento, pela vergonha, pelo medo, pela insegurança de perder uma vida. Que, aliás, na verdade já deixou de ser vida há muito tempo. Por achar que merece tudo que está acontecendo ou talvez possa de alguma forma salvar quem está próximo (Se eu puder ser escudo, ninguém mais vai se ferir). Ou ainda pior por "amor". Quando, enfim, Deus envia um anjo para sua salvação, você finalmente vai conhecer o amor. Amor de verdade. Existe e é bem diferente do que você já viu. Ele cuida, consola, luta por você e com você.

Agora você não aceita mais que isso volte acontecer e você pode ser escudo de alguém de verdade. Agora sim você pode gritar e colocar tudo que um dia foi pesadelo no passado. E que agora só depende de você transformar sua vida em sonho real.

Seguir firme só vai depender de você, ter apoio é fundamental, mas sua força e sua coragem são fatores importantes nessa caminhada. As pessoas são pontes. Mas a conquista é responsabilidade inteiramente sua. Não aceite nada que te machuque, que faça você se sentir inútil, descartável, suja. Você merece o melhor, busque o melhor. Eu consegui, Maria, João, Ana.... Fácil não é, mas é possível e depende de você!

Todos os dias de joelhos no chão, chore, chame sem medo por Deus. E acredite, Ele te escuta em cada soluço e cada respiração. Ele está correndo contra o tempo, pra te socorrer. Ele vai te ajudar, mas você também vai ter que procurar as oportunidades e abraçar. E acreditar que tudo passa e que você é forte o suficiente para encarar qualquer desafio. Ah! E no final você verá que valeu a pena todo esforço e coragem. Acredite, isso vai acontecer. Nunca desista de lutar e na primeira oportunidade abrace, e deixe tudo que não te faz bem para trás. Busque sempre agradecer por tudo na vida, porque até as coisas ruins vieram por algum propósito.

De tudo o que passei o que posso dizer é que a escolha é sua, de mais ninguém. Você simplesmente pode se recolher e deixar que as pessoas sapateiem sobre você, ou simplesmente por aceitar essa situação consegue ter força para seguir em frente. Não tem essa de saber o que fazer, não tem fórmula, tem força e criatividade para enfrentar as adversidades que são muitas. Quero dizer que tudo pode acontecer, e vai, mas você consegue se surpreender com sua força, ela vai estar em algum lugar, só esperando o seu comando, o seu momento. A fé em Deus e, principalmente, a fé em você, vai ser seu escudo, te consolar nos momentos mais difíceis.

Família a maior riqueza!

Capítulo 4

Para Florescer É Preciso Adubar

Não chegamos a lugar algum sozinhos: sempre existirão pessoas que fazem parte e fortalecerão a nossa história. Algumas pessoas com todo o melhor delas nos impulsionam ao topo da escada. Mas também encontramos as pessoas que mostrando o que nem sempre nos faz bem nos levam a desejar dias melhores. As pessoas são o nosso "adubo".

Quando eu era criança contava sempre com o apoio dos meus irmãos. Por algumas vezes, à noite, eu acordava com pesadelo e eles prontamente acordavam mainha, com isso todos buscavam me acalmar. Quando não conseguia executar uma tarefa – eles estavam lá por mim. Um fato curioso é que nem sempre tínhamos escovas de dente, muito menos pastas de dente, então eles fabricavam de Juazeiro. E foram tantas as brincadeiras: de carrinho de mão, corrida de cavalos, trilhas...

Apesar das dificuldades que vivenciávamos, éramos todos limpinhos e arrumados. Mesmo com a vida corrida, mainha conseguia passar esses valores.

Meu pai era o líder da comunidade, todos sempre ouviam seus conselhos e procuravam-no para apontar soluções. Tinha como uma das maiores qualidades ser bom ouvinte. Contava muitas histórias, piadas e era sempre muito alegre. Os amigos dele que passavam temporadas conosco, foram também uma fonte de inspiração, pois eram as pessoas da cidade, com outros conhecimentos e outra visão, então buscava observar cada detalhe de suas personalidades e comportamento para o meu crescimento.

E quem não sente falta do colo da mamãe, não é mesmo? Na hora do machucado e quando sentimos dor, a gente sempre pensa num lugar aconchegante e seguro como o colo da mãe. A partir do momento que eu decidi que iria sair de casa para estudar sabia que seria difícil ter o colo da minha mãe e os conselhos do meu pai nas horas difíceis. Para quem eu contaria as novidades? Pensar assim me trouxe momentos de confusão emocional total, mas precisava aceitar e correr todos os riscos. Será que saberia dar e receber carinho, atenção e amor? E os amigos como seriam, eu teria que estar sempre na defensiva ou deveria abrir a guarda e aproveitar o momento?

Graças a Deus, meu anjo (Sesé) e sua família souberam me receber. Nesse período de mudanças surgiram várias pessoas, em especial minha madrinha e seu esposo meu padrinho do coração. Todas essas pessoas maravilhosas me ajudaram demais nesse processo de carência durante este momento de solidão: em momentos assim é muito bom ter uma palavra de apoio, um ombro amigo. Ter esse apoio foi essencial para diminuir os desconfortos durante o momento de transição e Sesé sempre ofertava palavras carinhosas, apesar do seu jeito duro (ela fazia o tipo durona, mas eu sabia que no fundo era uma flor). Através de seus gestos eu me sentia em casa, me sentia bem.

Havia momentos que ela reclamava comigo – me mandava estudar, colocava horários, coisas de "mãe" – mas que tenho plena convicção de que era para o meu bem. Ela costurava meus vestidos (pareciam lindos vestidos de boneca), me levava para a missa aos domingos, me matriculou na catequese, foi catequista por seis anos e isso para mim era maior demonstração de carinho, foi inesquecível. Acredito que ela nem sabia o tamanho e o valor que estes gestos tinham para mim: o encontro e conexão com a fé preenchia as minhas lacunas, o que me salvou muitas vezes. Gostávamos de jogar baralho, conversar na calçada. Natal, Ano Novo viajávamos para Aracaju. Por falar em Aracaju, quando eu conheci a praia pela primeira vez, senti tanta paz! Era um paraíso! E eu nunca havia imaginado antes chegar a um lugar assim.

Por muitas madrugadas chorei sozinha, desejei estar com os meus irmãos e meus pais, estar em família. Impossível, mesmo em meio a tantas descobertas, não desejar isso, afinal eram meu sangue, alguns foram cuidados por mim, era os meus, queria colo. Por várias vezes me achei egoísta por ter tudo aquilo e eles não (irmãos). Mas entendi que a vida era assim, que estava colhendo o que tinha plantado. E que todos nós teríamos as nossas oportunidades, cada um tem a sua história. Lembrava-me das nossas lutas e também dos momentos de lazer, das alegrias juntos. Quanta saudade das comidas da mamãe, dos animais.

A vontade de ser acolhido mantém-se viva em nós para além da infância, ao longo da vida, bem como a capacidade de acolher aos outros. Entretanto, o mundo em que vivemos não oferece tão facilmente essa sensação "do colo materno".

Sempre me mostrava muito forte e segura, nunca me fazia de coitada até porque realmente não era e não sou. Mantinha o hábito de encarar os desafios por um outro ângulo, afinal após sempre vem a recompensa. Por mais que as coisas tenham a sua complexidade, eu não era a única no universo passado por isso. Em vez de chorar e esperar que outros resolvessem por mim, ou me tratassem como a menina que já passou por isso ou por aquilo, "tadinha". Mostrei que nada poderia me derrubar, que nada me faria desistir de ser forte.

Descrever todo esse processo me faz recordar as dores, as alegrias, nesse momento são muitas lágrimas caindo sobre o papel, não de tristeza, mas de orgulho, orgulho de tudo que me fez ser "eu". Como é maravilhoso poder contar essa história, ajudar tantos outros a entenderem que podem escrever a sua caminhada, sabendo que a vida traz as flores, mas é preciso adubar e entender os momentos dos espinhos.

Por muito tempo acreditei que não precisaria me expor, afinal queria que minha família fosse um exemplo para todos e imaginava que expor os momentos de dores talvez pudesse magoar meus pais. Mas a minha família sempre será um exemplo de família, a minha história é justamente para mostrar o quanto sou grata por nascer em um lar de amor, as dificuldades eram do contexto, não das pessoas.

Nossos amigos e familiares são pessoas que sempre estarão torcendo por nós na arquibancada e apoiando, por isso é importante se lembrar de todos... sempre! Que maravilha poder contar com eles.

O meu primeiro emprego foi uma experiência incrível e foi possível porque era uma loja de cosméticos de alguns amigos do meu pai. Lá tive muito aprendizado e isso me torna grata pela oportunidade, afinal foi um processo de crescimento essencial na minha vida.

Outra pessoa que veio para me apoiar foi Alvaro (sem acento mesmo, ele é único). O meu "muso", meu "nego", vida... são tantos apelidos! Na época, ele não morava na mesma cidade. Na verdade, ele morava na mesma rua, ou melhor, os seus pais moravam. Aquela rua foi onde ele havia passado a sua infância, pois já na adolescência foi estudar em Recife. Mas como nos contos, tinha que ser. Encontrei com ele várias vezes, já tinha visto algumas vezes na rua, mas nada demais. Alguns anos depois, começamos a nos encontrar virtualmente: no Orkut (uma das primeiras plataformas sociais)! E assim nossa história começava. Através do Orkut eu criei a comunidade do meu bairro, com o objetivo de passar as informações dos eventos que aconteciam localmente. Certo dia ele pediu para ser adicionado na comunidade. Em seguida pediu meu e-mail. Partimos para outra ferramenta virtual na época: o bate-papo UOL. Logo depois foi a vez de passarmos horas e mais horas ao telefone. E foi assim que ele conheceu o meu interior e eu o dele, nossa essência. Depois disso, não nos separamos mais. Nosso primeiro beijo foi no Réveillon ao som de "The Fevers", no antigo Country Club. Ele teve que retornar para Recife, terminou a residência e voltou para sempre. Dez meses depois estávamos casando, quatro meses após o casamento fiquei grávida de nossa SARA, momento único. Minha irmã veio morar comigo e estudar, era o que eu mais queria, poder proporcionar isso para elas.

Quando a minha filha Sara era pequena, eu passei por um momento muito difícil: a insegurança tomou conta de mim. Não era falta de carinho ou amor, mas sim o medo de perder esse amor. Passei a ter ciúmes do meu marido, mas não era ciúmes na medida, era algo maior, hoje entendo que era só a minha insegurança.

Sabe quando você passa a vida toda sendo rocha e depois percebe que tem emoções e um coração que transborda amor e você não sabe muito bem o que fazer com tudo isso? Pois é, eu estava perdida em um momento que só existia amor ao meu redor, no qual não havia espaço para dor: eu tinha uma casa, um marido apaixonado, e uma filha incrível – que na verdade é o amor em forma de gente. Eu tinha pedido tanto a Deus, mas Ele me presenteou com algo bem maior que nem nos melhores sonhos eu sonhei. Foi quando comecei a questionar se realmente merecia tudo aquilo e a situação só piorava na minha cabeça, não conseguia me concentrar, estava com medo, medo de não ser a melhor mãe ou de não conseguir proteger minha filha. Foram dias difíceis, acho que toda a insegurança de uma vida em um só momento. Sem conseguir dormir em profunda tristeza.

Procuramos ajuda de uma amiga psicóloga, esta nos orientou a procurar um psiquiatra. Marquei uma consulta com um psiquiatra muito conhecido na região, que sugeriu o desmame da minha filha, pois eu estava desencadeando transtorno bipolar, que era o início de uma depressão. Recebi a receita de uma medicação e, naquele mesmo dia, não mais amamentei Sara. Passei duas noites com ela pedindo o "nanã" (era assim que ela chamava o peito). Aquelas duas noites foram o remédio que eu precisava. Olhando para ela percebi o quanto estava sendo egoísta comigo mesma, e que eu merecia aquela família linda, que foi enviada por Deus para mim e que a minha felicidade só dependia de mim e de mais ninguém.

Aprendi que naquele momento a minha felicidade iria interferir na felicidade de Sara para sempre. Foi um "tapa", o momento que eu precisava com ela. Digo que minha filha me SALVOU, afinal me fez ver que mesmo os fortes por vezes vão fraquejar e quem cuida também precisa ser cuidado.

E busquei dentro de mim aquela menina lá do interior, destemida e dona de uma fé que movia montanhas, relembrando as batalhas e as vitórias. Eu me conectei com minha fé e com Deus, lembrei que sou filha Dele e que sou esperança para um mundo melhor, e o meu propósito era bem maior que tudo aquilo, a minha estrada estava apenas no início e a minha força de mover montanha me colocaria novamente na minha rota.

Fui em busca de ajuda: passei por psicólogos para realizar o tratamento. Foquei no trabalho com Alvaro. Voltei a estudar, entrei na faculdade. Anos depois fiquei grávida de Miguel, terminei a faculdade, resolvi empreender.

Entendi que nós somos responsáveis por nossa felicidade, o outro só vai receber e compartilhar a dele com a gente (não ache que vai ser fácil). Mas é possível se permitir, ter fé e buscar.

O erro do ser humano é achar que esposa, esposo, amigos, filhos vêm com escritura de posse em seu nome e manual de uso. E que jamais serão livres para voar. Entendam de uma vez por todas que ninguém é obrigado a ficar com ninguém (nem mesmo filhos), somos livres para ficar ou partir quando for da nossa vontade. A diferença está em saber se amar, se completar e entender que sua fé e força são o seu escudo.

Quando casei não ganhei sogra e sogro, mas sim pai e mãe: passava mais tempo com eles do que em casa. Sempre com sorrisos e braços abertos. Esse apoio se estende até hoje. No período de implantação da empresa tive apoio da família, irmãos, cunhados, sogra, sogro e amigos. Lembro que nos primeiros perrengues por conta de dinheiro e mão de obra, meu sogro e cunhado ficavam comigo e ajudavam no atendimento. Não foi fácil para ninguém, mas eles decidiram ajudar.

Meu esposo com seus amigos "banda SPP" alegravam as noites do Cafeína (falo logo mais sobre o nosso empreendimento). O Sebrae, com seus cursos me ajudavam a atualizar, sou Empreteca, graças a eles.

Pessoas maravilhosas e profissionais de primeira, também preciso mencionar e agradecer o suporte de Lidiane Santos e Renato Valadares, que vieram realizar o treinamento dos colaboradores do Cafeína.

Cada cliente que passou por nossa casa, deixou um pouquinho da sua história. Consegui me conectar com pessoas maravilhosas, hoje são uma ponte para que possa buscar alcançar meus objetivos.

Parceria é saber a possibilidade de poder contar com pessoas que estarão sempre ao seu lado, participando das suas batalhas, acreditando nos seus sonhos.

Quando você mostra as suas qualidades e se empenha para que dê tudo certo as coisas acontecem. Isso vale para qualquer área da vida, inclusive no casamento. Várias vezes achamos sempre que é dever do outro nos conquistar a cada dia, mas não estamos nos empenhando para que isso aconteça. Dê exemplo, cuide do seu solo, as coisas vão acontecer naturalmente para ambos.

Minha família é minha base, meu esposo é meu maior incentivador. Meus filhos, os melhores presentes que um dia sonhei e pedi a Deus, eles me fazem entender como sou abençoada. Que não importa o que já passei na vida, posso conquistar os meus sonhos (somos bem grudados, digo que somos ídolos uns dos outros, amamos cinema, música e livros, gostamos de aproveitar cada momento juntos).

E aí concluo esta parte de minha história sugerindo você a reconhecer e valorizar as pessoas que estão à sua volta, permita-se a aprender com elas. Compreenda que até aquelas que nos fazem mal, nos despertam o desejo de sermos alguém melhor. Nenhum encontro é por acaso. Tudo vem para o nosso crescimento.

Aproveite cada capítulo da sua vida.

Capítulo 5

As Estações para Florescer

A vida é um carrossel com altos e baixos e tudo o que vivenciamos vem inevitavelmente para o nosso aprendizado. Aprendi que através das nossas vivências podemos reagir e crescer.

Olhando para trás é essa a minha percepção: alguns passos à frente e mais alguns degraus que subi, e outros passos atrás.

*1984 até 1995 – do ano que nasci e os anos seguintes com uma infância cheia de responsabilidades e dor formatei o sonho de ser uma pessoa diferente e melhor. Assim todo o processo de aprendizagem e dor foram alicerces para um passo com equilíbrio mais à frente.

*1995 – Cheguei a Juazeiro. Os sonhos eram tantos que o medo ficava insignificante e a vontade de acertar me fazia buscar o melhor de mim. Foi em dezembro, o Natal mais diferente que já havia visto, meu primeiro passo, uma nova vida, nova casa e nova família.

*2003 – aqui veio o primeiro emprego em uma loja de cosméticos. Fui operadora de caixa e vendedora. Fazia de tudo um pouco, arrumava estoque, recebia mercadoria, organização de prateleiras. Foi um momento de muito crescimento e aprendizagem, sou grata pela oportunidade. Sei que muito do que sei sobre organização e planilhas foi tomado por impulso aqui neste momento. As amizades que carrego comigo até hoje também brotaram nesse momento de convívio.

*2005 – dez anos após a minha chegada a Juazeiro, o amor batia à minha porta: conheci o Alvaro e com ele iria construir uma linda família.

*2006 – ano de realizar um grande sonho: o casamento.

*2007 – nasceu a nossa filha Sara, com este grande amor veio também o grande desafio: todos os medos chegaram. Mais uma vez consegui vencer com amor e fé.

*2008 - implantação da Femina, clínica de ginecologia, obstetrícia e ultrassonografia do meu esposo em parceria com um amigo.

Nesse mesmo período, minha irmã estava concluindo o seu curso de cabeleireira e eu sabia que ela não tinha recursos para montar um salão, assim me coloquei como sócia e decidi montar um espaço na mesma rua que morávamos. Na verdade, nunca participei diretamente do empreendimento, eu queria ajudar minha irmã e fiz da forma que estava ao meu alcance, mas nunca tive interesse por esse tipo de empreendimento. No fundo era justamente isso: ajudar. E se naquele momento eu poderia ajudar, por que não fazer?

Ela é uma guerreira e até hoje continua com o salão: são anos de dedicação e luta. Sabemos que não é fácil, que precisa coragem. Anos depois minha outra irmã veio e juntou-se a ela, hoje trabalham juntas.

*2010 - faculdade, era um sonho e um desejo da minha mãe formar um filho, graças a Deus consegui.

*2013 - chegou com muitas novidades, a chegada do Miguel nosso amor. E também a realização de um trabalho, meu sonho de empreendedora estava iniciando "a CAFEÍNA estava nascendo também", uma cafeteria feita com muito amor.

*2014 - inauguração da Cafeína. Cursos, mundo dos cafés e culinária especial. Conheci tanta gente bacana. Como aprendi, realmente outro mundo, outra aventura realizei.

*2015 - o sonho virou pesadelo, minha empresa com apenas quatro meses de funcionamento, trocar o quadro de funcionários, o que entrava não cobria os custos. Não tinha capital de giro. Meus custos só aumentavam com os juros dos boletos e cheque especial.

*2015 - primeiro festival de arte e sabores do CAFEÍNA Juá, superação.

*2016 - resolvi me afastar da empresa e alugar o espaço, foco família.

*2016 - resolvi voltar e incrementar com almoço, fechando a noite. Assim ficaria mais tempo em casa.

*2017 - alugar ou vender, só não estava mais feliz com o negócio e assim fica inviável. E simplesmente não poderia devolver, pois ainda tinha uma dívida muito alta. Consegui alugar por pouco tempo, infelizmente não funcionou.

*2018 - vamos vender, um comprador que maravilha, agora sim. Vendemos no cheque, a pessoa entrou quebrou muita coisa, levou outras e nunca pagou. Sério? Isso mesmo que estou ouvindo? Sim. Sabe mais, ela nunca trocou o aluguel para o nome dela tive que pagar dois meses e três contas de luz e água e no final devolver o ponto para o dono. E simplesmente virar a página.

*2018 - meu curso de Oratória foi muito importante para superar algumas barreiras naquele momento.

*2019 – 1ª palestra da vida: "O que te move?". Momento único, ponto de partida para muitos sonhos e realizações.

Acredite, o importante é saber aproveitar cada capítulo da sua vida, afinal todos eles trazem coisas boas e ruins, o importante é que você possa aprender com tudo isso e agradecer sempre.

Levanta a cabeça, sacode a poeira e segue em frente.

Capítulo 6

Quando Vêm as Tempestades

Após o casamento, conversando e imaginando as possibilidades do futuro, decidimos – eu e o meu esposo – empreender. Em parceria com um amigo abrimos uma clínica médica. Na clínica, eu trabalhava junto ao meu esposo e realizava as atividades de administração, faturamento e atendimento. A flexibilidade e tranquilidade na rotina permitiam que eu, além de trabalhar, cuidasse da minha filha Sara e estudasse. Trabalhamos juntos desde quando nos casamos, por vários motivos, primeiro porque ele trabalhava muito, e como ficávamos muito tempo longe, essa foi uma forma de participar mais do dia a dia um do outro, e segundo porque sempre gostei de ter contato com as pessoas, ajudar, sempre tive paciência e vontade de trabalhar.

Durante oito anos mantivemos esta rotina. Passados oito anos, sentia um desejo enorme de realizar um trabalho no qual eu colocasse a mão na massa! Sentia-me dependente do trabalho de Alvaro – única fonte de renda da família – e assim me sentia também inútil, pois acreditava que não contribuía com nada. Queria minha independência profissional, colocar um negócio para frente. Ser protagonista da minha trajetória.

Nesse período, eu estava finalizando a faculdade de administração e cuidava do meu bebê – o nosso filho Miguel, com seis meses de nascido.

Depois de conversarmos, optamos por abrir um negócio que eu envolvesse uma das minhas paixões: cozinhar! Desta forma nasceu o projeto da primeira cafeteria em nossa Juazeiro. Um lindo projeto, com uma localização pronta para o mercado, investimentos bem pensados e muita empolgação envolvida: um grande passo!

Envolver-se com este projeto, sem dúvida alguma, foi um grande passo ao meu aprendizado. Passei por picos de aprendizado, alegrias, decepções e tristezas. Mais uma superação para a conta.

A escolha do prédio foi um lindo passo. Escolhemos o local pela história da cidade, encontramos um patrimônio histórico (o local foi a casa do Coronel João Evangelista que leva o nome da rua onde fica localizado, era o antigo fliperama e único da época). Um prédio que carrega a beleza da época e também sua história. Um lindo prédio que precisaria de uma reforma para reverter a ação do tempo e falta de manutenção com a estrutura. Olhando de forma rápida, a princípio parecia ser fácil de resolver, pois não tinha noção do desgaste do prédio de uma estrutura antiga (várias áreas com risco na estrutura, encontrei essa realidade após avaliação do engenheiro) e desencadeamos uma história desafiante para iniciar as operações do empreendimento. Tivemos uma previsão de término da reforma prospectada para três meses, porém este prazo arrastou-se para um ano, tomando uma proporção gigantesca e com o investimento muito alto. Ressalto que sou exigente – gosto do bom e bem feito – então, quando iniciamos a reforma, fui percebendo as necessidades e, por várias vezes, modifiquei o projeto, até mesmo para não ter problema no futuro, pois o desejo era ficar no ponto por muitos anos, ou até mesmo comprar o prédio. Para iniciar um empreendimento o principal é acreditar no seu sonho, e eu acreditava com muita força.

Chegou outro desafio: tive que enfrentar a demora na liberação do dinheiro de um financiamento com juros baixos. Por falta de opção acabei contratando um financiamento com juros altíssimos. Além do dinheiro, também vieram as dificuldades com mãos de obra, prazo de entrega de obra, desperdício de material (por ter que refazer várias vezes, coisas que não passavam na vistoria do engenheiro, não alinhados). O diálogo era outra grande problemática: por ser mulher, muitas vezes não fui levada a sério, mas batia de frente e o projeto era realizado exatamente do modo que tinha delegado, muitas vezes saía de lá com o coração na mão (com medo), pois tinha que bater de frente e falar com liderança e sentia o olhar de raiva daqueles que estavam ali. Cheguei a ouvir indiretas (e rebatia no meu pensamento), mas mantive a postura até o final da execução da obra. Ah! E nesse processo todo eu ainda estava com uma criança de oito meses em casa para cuidar.

Foi um período de muito desgaste emocional e financeiro. Recordo das notas altíssimas das casas de materiais de construção, mão de obra em contrato semanal, transporte, aluguel (sim, paguei aluguel durante a reforma, tive um desconto por conta de um documento que precisei retirar na prefeitura, tive abatimento no IPTU, mas não estou reclamando, eu já sabia que não poderia descontar a reforma no aluguel), muitas taxas na prefeitura e também do banco para fazer o financiamento, projetista e engenheiro. Depois do prédio pronto, teria a compra dos móveis, material de cozinha, funcionários, climatização do espaço, fornecedores e pessoal para treinar uma equipe (sim, contratei o pessoal de Recife, que já trabalhava no ramo de cafeterias).

Realmente foi um processo de muito aprendizado e crescimento, principalmente como pessoas.

Passando todo esse processo de reforma, enfim o momento tão esperado: a inauguração do Cafeína. Este foi um momento único nas nossas vidas de empreendedores: ver ali, de forma real, tudo aquilo que antes era apenas um sonho. Naquele momento, entre amigos convidados e com muita festa, a alegria de uma realização misturava-se à expectativa de muitos outros sonhos: o crescimento da empresa, o retorno do investimento, as possibilidades de tantas novas situações que poderiam surgir dali.

Na inauguração do Cafeína, eu chorava como uma criança, afinal passava um filme na minha cabeça e eu não acreditava que tinha conseguido chegar lá. Lembrava do apoio da família, próximo à inauguração, todo mundo junto nos preparativos finais, foi lindo de verdade!

Por um momento, esqueci o valor do investimento que ainda não tinha quitado, das pedras no caminho, dos ventos contrários e todos os perrengues. Porém, as contas já estavam batendo a nossa porta e o que não faltou foi gente torcendo contra. Coloquei uma página na internet, que não duraria um mês, constatando uma cultura local: tudo na cidade é modismo e tende a durar pouco. Isso foi o meu impulso novamente: adoro ser desafiada, isso me impulsiona. Costumo alertar para ninguém tentar me derrubar desafiando, esse é o impulso que preciso para nunca parar. Aliás, quando ninguém me desafia eu me faço desafiada, porque me sinto perdida diante da monotonia, gosto de inovar e sempre procurar algo para incrementar a rotina. Posso me comparar com uma roda sempre em movimento. Quando estou quieta pode ter certeza, vem alguma coisa por aí.

Sei dos erros cometidos, hoje nem faria, mas hoje posso ajudar muitas pessoas que pensam em abrir ou quem já está no "olho do furacão", este é um aprendizado para a vida. Sei que é difícil, mas tentar manter a calma e o pensamento positivo vão ajudar a se manter firme e encontrar soluções. Nesse momento não adianta reclamar ou arranjar culpados: o negócio é criar uma estratégia para resolver o problema como primeira opção e, se não se sente seguro para tentar resolver, procurar uma ajuda profissional.

Fale com pessoas que não vão te julgar ou apontar o dedo. Procure alguém que entenda do assunto e que não tenha envolvimento emocional nenhum com você ou a situação. Eu sofri muito com os julgamentos, com a distância e ausência de pessoas que achava realmente importantes para minha vida e aprendi que nem todo mudo é importante para você, e que nem todo mundo conhece você ou sua história. Nem todo mundo vai torcer para sua vitória: muitos estão na torcida por sua queda. Nossa família é nossa fortaleza e fonte de energia: eles vão estar sempre ao nosso lado. Que quem não ficar é porque não somava. Ah! E a nossa saúde é importante para não ficar dependendo de ninguém para se reerguer. Foco na solução, e não no problema, isso vai te dar mais clareza para abandonar o barco, quando for necessário.

O sonho deu espaço à preocupação de todo empreendedor e logo nos primeiros meses de funcionamento do Cafeína a realidade era bem diferente! O sonho de retorno imediato, a imaginação de que seria uma ideia inovadora e bem aceita pelos moradores da cidade e que, portanto, o capital investido iria ser recuperado, continuou no espectro dos sonhos. Sim, repito: a realidade era muito diferente. Imaginávamos, ainda, antes da inauguração, que também teríamos um capital de giro, fruto das operações ativas da empresa. Este capital de giro seria nosso passaporte para a tranquilidade e longevidade da empresa, mas não era tão simples como ouvia naquelas reuniões com consultor de financiamento, pois o nosso investimento foi muito alto, não tínhamos capital de giro, começamos com a cara e coragem.

Ali, naquele momento inicial, começamos a compreender que nem sempre o custo mensal vai ser menor do que sua receita gerou, apesar de você trabalhar para isso. Essa equação é complicada de prever e tudo é novo: as surpresas surgirão e é preciso estar preparado. Como estávamos iniciando, sempre tinha alguma coisa para repor, principalmente por ser comida. As compras precisavam ser feitas com consciência e preparo, não poderia sair comprando tudo, afinal muita coisa perde a validade com rapidez e tem uma variação de custo semanalmente – eu sempre procurava montar uma planilha pra esse investimento, mas nunca era o mesmo.

Chegou um momento em que tudo foi ficando complicado, no início tivemos um bom público na parte da noite – que a princípio não era o foco. Percebi, então, que só o café não dava: teria que colocar bar. Esta alternativa surgiu para completar e cobrir os custos. Operando desta forma, eu precisava me ausentar de casa, pois estava com meu quadro de funcionários reduzido e não teria como recontratar (nesse período contei com a ajuda do meu cunhado e sogro). Passava a maior parte do tempo lá no Café produzindo e atendendo. A pior parte disso tudo era a ausência de casa (Sara, a minha filha, começou a ter uma queda de produtividade em relação aos estudos) e Alvaro também em ritmo muito puxado de plantões. Não estava fácil para ninguém: distanciamento da família, muito trabalho e o dinheiro todo era para cobrir débitos, não tinha tempo nem para o cinema com as crianças... foram dias, meses, difíceis.

O lado positivo dessa fase é que quem fica realmente importa e quem some não vai fazer falta, chegou a hora da separação do joio do trigo, entende? Mas estávamos empenhados em continuar, até que alguns amigos entraram para ajudar e propuseram ficar só com o bar durante a noite e final de semana. Respirei aliviada e acreditei que seria a melhor opção para todos. Passado um período, percebemos que, infelizmente, eles não conseguiram... e, então, voltamos à luta. Ainda assim, estava muito esperançosa (pensei "agora vai"), mas, apesar da empolgação e ajuda da família, a situação não mudou para melhor. E uma frase que me colocou os pés no chão foi dita por Alvaro "Vamos parar a sangria.", ou seja, vamos fechar para quitar as dívidas e, se algum dia a gente achar que dá, retornaremos.

A realidade era pesada: cheque voltando, boletos sem pagar, cheque especial, dívidas aumentando. Procurava explicações: como isso tinha acontecido? A minha cabeça ficou atormentada: eu não conseguia nem pensar como tudo isso estava acontecendo e como poderia resolver.]

Considero-me uma pessoa que assume a responsabilidade e, se possível, resolvo sozinha, sou dona de mim, não preciso de ajuda, que assim como entrei vou conseguir sair, mas não era mais assim, a coisa já tinha tomado uma proporção bem maior do que eu poderia imaginar. A situação culminou em não ter dinheiro para nada, pois todo dinheiro que entrava o Banco recolhia para o pagamento de débitos no cheque especial e empréstimos.

Fomos em cada banco e pegamos o valor total e real de cada débito, ligamos para as empresas e negociamos tudo que podíamos, assim começamos a nossa luta para pegar cada credor.

Foi também o início do caminho para nos perdoar e entender que infelizmente isso acontece com quem tenta realizar seus sonhos instáveis. O forte aprendizado de que tudo na vida quando existe Deus e amor é possível superar, o mais importante é nunca perder a fé, nunca baixar a cabeça e se entregar à situação. Lembrava sempre: "Eu posso, vou fazer por onde conseguir isso, vou mostrar para mim que sou alguém que merece ser respeitado, não sou melhor nem pior que ninguém, alguns vão sorrir sobre a sua derrota, mas isso vai te fazer mais forte. Você nunca vai ser bom o bastante para ninguém, mas seja para você. Sempre vou me orgulhar da mulher que me tornei.".

Como falei anteriormente, esse furacão aconteceu na época em que eu estava no último semestre da faculdade de administração – faltava apenas um mês para a minha colação de grau. Seria mais um sonho realizado? Não! Naquele momento eu desisti, não colei grau, porque eu entendia que não era a situação ideal. Afinal, algumas pessoas me olhavam me descrevendo como o próprio fracasso, pessoas do meu convívio. Foi uma montanha-russa de emoções: fui julgada, fui acolhida, deixei o orgulho de lado, também chorei, busquei amigos e outros se afastaram, entendo seus motivos. Mas agora o foco era outro: fazer a empresa funcionar, não era momento de perder tempo com os meus probleminhas, aquele dia poderia esperar, mas a minha família e o meu negócio não. Então este sonho da formatura foi adiado, meu foco e minha responsabilidade eram de correr contra o tempo para ter paz na minha casa, o que para mim era mais importante. Eu sabia que não seria fácil, mas por que seria? Não tinha como pular essa fase do jogo, para conseguir passar tinha que sobreviver todas as provas. A fase mais difícil era manter a união da minha família, porque com eles eu conseguiria tudo que quisesse, é deles que vêm a minha força, com o meu triângulo, Alvaro, Sara e Miguel, eu sou invencível.

Como estratégia, fizemos um evento do Carnaval – 1º grito de Carnaval do Cafeína Juá – e, para nossa surpresa, os funcionários não foram e tivemos que trabalhar e correr novamente atrás de mais prejuízo. Na verdade a minha luta estava começando, e não poderia desistir, mesmo sabendo que teria que contar com ajuda, pois mesmo sabendo de tudo um pouco não era tão fácil colocar uma empresa para funcionar sozinha, mas teria que fazer o possível para não depender dos outros, afinal já tinha me decepcionado com algumas pessoas, e se quisessem sobreviver a tudo aquilo teria que colocar o orgulho de lado e aceitar ajuda, ensinar, esquecer o tempo, focar no futuro e jamais baixar a cabeça, tinha que fazer dar certo, de algum modo tinha que acontecer.

Após o Carnaval entendemos que o próximo passo era trocar a equipe. Mas como fazer isso se não tínhamos como fazer uma nova contratação, afinal não tínhamos condições de fazer mais nenhum gasto extra? E então a primeira opção era fechar aos quatro meses de funcionamento. Para não acatar a opção de fechar, a família arregaçou as mangas e começou a trabalhar em equipe. Todos entraram na operação: sogro, sogra, cunhado, Tati (funcionária) e Alvaro que trouxe o seu apoio incondicional. A decisão foi continuar, desistir fica sempre como opção para quando não há mais possibilidades. Não sou de desistir das coisas, não desisto! Quando sei que sou capaz de fazer eu faço.

Eu estava muito abalada, as coisas não andavam, uma tristeza tomava conta de mim, sentia-me culpada por tudo. Na verdade, incapaz, pois o meu sonho foi construído sobre um alicerce emocional, e não racional, onde eu só quis enxergar o lado lindo da coisa, esqueci que nem sempre nós pensamos em plantar a melhor árvore, mas é que queremos ter certeza que ela vai dar bons frutos. Precisava ter entendido que não era só realizá-lo, era saber se tinha como fazer isso ser bom para você. Percebi que eu não tinha seguido os conselhos dos meus pais: pensar, repensar até ter a certeza de que isso não acabaria com a vida financeira planejada e construída a dois com tanto cuidado e foco.

Sempre planejávamos tudo à risca: viagem, compra do carro, de imóvel... tudo era muito bem planejado e calculado. Mas na montagem do Cafeína, eu viajei muito no mundo lúdico do negócio e tinha a certeza que não tinha com o que me preocupar, que tudo voltaria ao normal, porque a gente iria ganhar muito dinheiro.

E, nesta tempestade, eu estava no comando do barquinho em meio ao furacão, pedi a Deus força para continuar, foi quando com apenas um funcionário e ajuda da família e dos amigos, voltamos à luta. Eu chegava às sete da manhã no empreendimento e por lá ficava até três da madrugada de quinta a sábado. Chegava em casa e todos estavam dormindo. Tivemos muito suporte com as crianças nesse período, amigos que jamais esquecerei.

Passei quatro meses com uma profissional que era o meu braço direito: uma pessoa linda que trabalhou comigo e não me deixou. Depois eu fui buscando informação sobre o que eu poderia incrementar na casa e fazer voltar o movimento da noite sem manter o funcionamento de bar. Recordo que passei a manhã toda no Sebrae, fui em busca de cursos e também de eventos. Nesta época, um amigo me falou dos cursos de vinho, que uma profissional dava cursos de vinho na região. Eu gostava de cozinhar, então o que eu pensei foi: vou trazer o curso de vinho para cá. Assim vou unir o útil ao agradável. Prontamente fui conversar com a dona da adega (Lilian Koshyiama), uma pessoa de alegria contagiante, conhecida na região e com um conhecimento ímpar. Fechamos a parceria. Foi a melhor coisa que fiz, seu carinho e paciência me ajudaram muito naquela minha caminhada. Marcamos os cursos, mas no início não foi tão fácil porque eu não tinha costume de preparar pratos finos. Precisei trabalhar esta habilidade gastronômica para produzir pratos bem elaborados. Então eu tive que aprender, estudar, me organizar, contratar cozinheiro, para me auxiliar nos preparos de acordo com cada vinho.

Aprender é muito bom e eu estava cada dia mais apaixonada por aquele mundo da gastronomia, era curioso saber qual o prato combinava mais com cada vinho. Não era o foco do Cafeína, mas naquele momento era muito bom tudo que estava fazendo, então ficamos com os cursos durante seis meses – de julho até dezembro. Amei a experiência. Nesse período eu consegui montar novamente minha equipe maravilhosa e as coisas estavam começando a fluir. Surgiram casamento, lançamentos de livros... começávamos a acertar na receita. Comecei a ter a crença de que enfim, daria certo! Promovemos o Primeiro Festival de Café, Arte e Sabores da região.

Com um ano e seis meses de funcionamento, eu já estava cansada, com o emocional muito abalado e coincidiu que alguns amigos que gostavam de tocar na noite estavam com vontade de querendo colocar um bar, conversamos e eles resolveram arrendar o estabelecimento, que deixou de ser Cafeína Café e passou a ser 28 Beer. Enfim, um alívio! Eu estava tão cansada que agradecia a Deus todos os dias, mesmo sabendo que isso significava o meu fracasso como empreendedora naquele momento. Mas o sonho durou pouco, nossos amigos devolveram o estabelecimento, pois sentiram dificuldades de continuar com pouco movimento, pois na região é complicado você manter um negócio sem inovar, tem que aprender a fazer algo novo.

Ficamos tristes, afinal eu teria que voltar à minha vida e tocar o barco. Para não fazer sozinha, pensei num sócio. Tentei vários, mas nunca conseguia fechar com ninguém, então meu cunhado estava pensando em abir um negócio e fez a proposta de entrar com algumas coisas que precisavam para um restaurante. Claro que eu fiquei feliz, afinal ele era uma pessoa muito esforçada e trabalhadora: fizemos os reajustes e abrimos para o almoço, eu estava feliz e confiante, mas não durou muito. Meu cunhado, mesmo comigo no Café, resolveu abrir um outro negócio. Explicou-me que não foi bem o que esperava e resolveu encerrar a parceria comigo para ficar no dele. Foi triste, mais uma vez uma aprovação. O que fazer agora?

Pensei em fechar, porém era exatamente o que todos queriam que eu fizesse, mas eu não. Gostei de colocar o almoço

— senti que o negócio era diferente — e agora as coisas estavam indo bem, apesar da tristeza com uma doença na família, seguimos firmes. Mesmo vendendo bem, eu precisava sair um pouco, então coloquei meu irmão para me ajudar e fiquei mais com meus filhos, pois estavam precisando de mim, tinha que dar esse suporte. Alvaro também precisava do meu apoio, e esse tempo longe, percebi que não era mais o meu sonho, não era o Café dos meus sonhos, nunca quis um restaurante, aquele lugar já não era mais alegre, eu só estava lá para não fechar as portas, por nossos funcionários.

O que eu não queria naquele momento era ouvir as sentenças: "Está vendo? Eu disse que em Juazeiro nada vai para frente."; "A crise do país não era hora de empreender."... frases que escutei por muitas vezes. O emocional era a pior parte, por um tempo achei que realmente era a cidade, a minha incapacidade de tocar um negócio, a falta de conhecimento na área, que não merecia.... Pensei que talvez se eu não tivesse perto, talvez as coisas melhorassem em casa, para Alvaro e as crianças. Eu realmente não sou muito de procurar ajuda, sempre acho que posso resolver as minhas coisas, não sou muito de ficar esperando um milagre acontecer, então eu comecei a fazer terapia, para me encontrar e voltar para meu foco, me centralizar.

Com isso, voltei a focar naquilo que me deixou mais fragilizada: o financeiro! Sempre cuidei das finanças da casa e nunca imaginei que estivesse fazendo algo errado. Nunca tinha estudado finanças na minha vida, só experiência com meus pais e com meu primeiro emprego, mas sabia que se tudo aquilo estava acontecendo comigo era porque na verdade eu não sabia de nada, mesmo tendo passado quatro anos na faculdade de administração. O que mais fazia meu olhinho brilhar era minha vontade e criatividade em relação ao mundo mágico do empreendedorismo. Pensava no meu sonho de ter uma cafeteria, como planejar e fazer isso acontecer, foi meu foco. Mas nesse jogo das finanças, é bem mais fácil perder do que ganhar, e todo esse descontrole, no período de implantação da empresa ficou difícil não gerar um desgaste nas nossas vidas, e claro que eu me culpo, por não ter focado principalmente nisso na hora de pensar em colocar um negócio, e principalmente saber que precisava de ajuda, de orientação. Não acho fraqueza assumir que não se sabe de tudo, que precisa de ajuda: fraqueza é saber que não dá conta e mesmo assim insistir que está tudo bem, que não fez nada de errado, colocar a culpa na cidade, nos clientes, na equipe, no pai, na mãe e em quem mais tenha passado por sua vida, e achar que o único certo é você, que ninguém reconhece seu esforço, e que você parece remar contra o vento.

Por muito tempo me vi naquela situação e quando você está na posição de vítima, não enxerga a solução, pois fica procurando culpados para tudo que está acontecendo na sua vida. Quanto mais você fica brava com tudo e com todos, mas você se afunda e não consegue sair.

E então chegou o momento de fazer uma autoavaliação da vida e do empreendimento. Ao total foram cinco anos: um ano de reforma, dois anos funcionado sob nossa administração, um período com amigos e oito meses fechado. Em 2018 conseguimos passar o ponto. A pessoa comprou com tudo montadinho, pronto para funcionar. Uma nova fase: que maravilha e tranquilidade estar em casa com meus filhos, poder ir ao cinema final de semana. Diminuição das brigas e estresse, crianças felizes. Como eu falei anteriormente: nunca pensei em desistir de nada, sempre achei que era autossuficiente para resolver tudo e que coisa alguma me impediria de seguir em frente e mostrar para mim mesma que conseguiria superar. Porém todos nós temos limites.

Emprego, empreendimento e amizade não compensam quando afetam a sua família, essa construída em base sólida de amor, de amizade e cumplicidade. Sou muito guerreira mesmo, não deixo a minha felicidade de lado, mas agora a minha felicidade está ligada à família que vai me deixar realizada, então foram os pontos que eu usei para buscar o entendimento. Neste furacão, pedi muita força a Deus e compreensão para as coisas, sei que Ele está sempre presente na minha vida, protegendo meus passos.

Claro que a frustração chega quando um empreendimento fracassa! Afinal foi um sonho, planejado, e queremos que dê certo. Mas o importante é aquilo que não podemos comprar: família, saúde. Com saúde é possível recomeçar quantas vezes forem preciso. E estamos recomeçando a nossa história. Não me arrependo, de nada, pois foi um momento de muito aprendizado e amor, experiência, talvez hoje não tivesse o impulso para escrever e contar minha história. E sei que o melhor é buscar informações de pessoas com experiência, que já estão em um empreendimento parecido, e procurar conhecer a fundo tudo que deu certo e errado também, pois assim vai saber como se sair em momentos de desequilíbrio, e saber aproveitar na tranquilidade.

Ah! Mas a história não acaba por aí: a pessoa que comprou o empreendimento não pagou! Os cheques não tinham fundo. Mais outro prejuízo para a conta! Ainda tive que pagar dois meses de aluguel, água e luz. Difícil sim, mas o principal foi que não me deixei abater, como sempre entreguei a Deus. Nessa fase de turbulência reencontrei pessoas da época dos cursos de vinho, consegui fazer um curso transformador de ORATÓRIA, me reencontrei. Deste momento até hoje nunca pensei que pudesse fazer parte de um projeto tão lindo, com isso fui ocupando minha cabeça e os problemas se tornaram pequenos.

Hoje sou grata as todas as pessoas que participaram desse processo e entendo que é preciso sempre dar o primeiro, segundo e quantos mais passos necessários, para resolver ou conquistar qualquer coisa. Você sabe que todos os imprevistos são previstos, então não culpa o destino por nada, somos nós que procuramos e que realizamos. Algumas realizações não são como gostaríamos que acontecessem, neste momento a aceitação é o melhor remédio: levante a cabeça, sacuda a poeira e siga em frente. Coloque uma coisa na cabeça: se conseguiu entrar, consegue sair, pode ser que não seja fácil, que sejam necessários alguns sacrifícios, mas somos capazes de encontrar solução para tudo. Coloque prioridades na sua vida e não deixe de fazer a manutenção dessas prioridades.

Superação! A queda pode até ser grande, mas o que vai importar é como você vai cair, ou melhor, levantar (ou simplesmente pode optar por ficar lá no chão). Falar é fácil, quero ver na prática... não disse que é fácil, mas também só complica se você quiser. Nossas escolhas já vêm com suas consequências. Para algumas você encontrará dificuldades, em outras você é a própria dificuldade quando tudo é motivo de estresse, de reclamações, ou porque acredita que fulano faz menos que você e tem mais, e o que você não enxerga é que o problema é você! Talvez se eu cuidar da minha vida e buscar plantar a minha árvore pequenina, mas em um bom terreno, vou colher bons frutos. Percebe que só depende de você?

    Quando você olhar uma empresa bem-sucedida, lembre-se que tem um agricultor cuidando da sua terra. Cada membro da sua equipe é uma árvore que lhe dá bons frutos. Produzimos os frutos, o que vai importar realmente é sobre qual solo você está sendo plantado. Quando eu preparei o solo da Cafeína, não planejei, não coloquei as coisas necessárias para se tornar fértil, por mais que colocasse boas árvores o solo estragava os frutos. Então o que fiz foi colocar um ponto final naquele solo, mas não desistir da minha árvore. Agora um novo solo está sendo adubado, estou colocando alguns nutrientes e muita informação, logo muitos frutos de qualidade surgirão.

Gratidão.

Capítulo 7

Quando Chega a Primavera

Através de nossa história de vida nos tornamos as pessoas que somos. Muitas vezes temos que passar por alguns processos desafiantes para encontrar nossa essência e amadurecer. É necessário, constantemente, se olhar no espelho e dizer: sou capaz de realizar qualquer coisa!

Mesmo que isso te pareça um furacão e você esteja lá parado sem saber a direção a ser seguida. O importante é seguir uma, não ficar parado.

O pior erro é achar que um milagre vai acontecer e você lá deitado na sua cama vai receber a notícia que tudo foi resolvido. Não, milagres só vão acontecer se você se levantar e for à luta, não importa se todos vão estar contra você ou te julgando. Você é o único que pode mudar alguma coisa, então engula o choro e levante a cabeça e vá à luta.

"Se você não planejar a sua vida, alguém irá planejá-la para você.", afirma o professor Nilzo Andrade.

Devemos lembrar constantemente que a vida é um milagre, um presente que se renova todas as manhãs. E nesta caminhada vamos encontrar muitas pedras, mas também belas flores perfumadas que vão nos transportar para lugares incríveis. E é nas flores que devemos nos apegar. Mas, acredite, só você pode escrever essa história, todos os dias temos a oportunidade de traçar um novo começo, mesmo que tenha errado ou que ainda cometa erros, vai ter um novo dia para recomeçar.

O importante é perceber que você é o piloto responsável por essa viagem e que as suas escolhas e ações vão refletir positivamente, ou não, sobre você e as pessoas que estão de alguma forma conectadas a você.

Autorresponsabilidade é o primeiro passo para você plantar um lindo jardim, para colher bons frutos. Com isso assuma essa responsabilidade na sua vida, pare de procurar desculpas e de arranjar culpados. Entenda que se você não aproveitar a vida em família a culpa é sua, não do seu trabalho ou do seu chefe, não é da falta de dinheiro (já ficamos zerados e não tínhamos dinheiro nem para o cinema que é um programa que a família mais curte juntos). Quando surgem os obstáculos, o importante busca é buscar por soluções (quando não podíamos ir ao cinema, assistíamos filmes em casa, foi o ano que mais usamos a TV e o DVD). Tivemos que dobrar a hora no trabalho e, mesmo chegando em casa, as três horas da madrugada acordava às seis horas da manhã para levar meus filhos ao colégio. Eram os nossos momentos, apesar da correria.

Por algumas vezes chegávamos atrasados ou, como dizem, "em cima da hora". Reclamava do trânsito e das crianças. Até que percebi que o problema estava em mim e resolvi mudar. Para auxiliar a mudança, busquei cursos, comprei livros e fui percebendo que tudo começava a fazer sentido na minha vida. Foi quando fechei o café e minha vida mais uma vez se modicava. Decidi voltar a trabalhar com Alvaro no consultório e focar nos estudos.

Um dia uma amiga me chamou para fazer o seu curso de Oratória. Foi um passo para libertação do meu lado criativo e aflorar todos aqueles sonhos guardados. Percebi que teria um grande desafio: vencer o medo de falar em público e principalmente as barreiras emocionais para poder me tornar uma pessoa completa e feliz. Nesse período voltei para minha terapia, foquei nos meus cursos, na minha família.

Hoje tenho uma rotina bem diferente, acordo às cinco horas da manhã e preparo o café da manhã da família (todos nós sentamos à mesa e tomamos café juntos). Não tem mais correria, consigo meditar e me concentrar nas minhas metas diárias. Faço planejamento de vida, onde coloco meu sonhos e desejos com datas para serem realizados. Com prazos de no máximo cinco anos são os que vou ter mais tempo para realização que não tem uma urgência, seleciono e vou realizado semana a semana para conseguir realizar todos. Esses sonhos estão ligados ao meu propósito, pois acredito que assim vou conseguir realizá-los. Comecei a fazer isso aos sete anos de idade quando resolvi que com onze anos de idade sairia da roça para conquistar meus sonhos. Tracei metas e consegui realizar, claro que nessa época não sabia muito bem como fazer isso, não tinha orientação e muito menos o conhecimento que tenho hoje. Mas era o meu propósito e a maneira como desejar eram tão puros e verdadeiros que assim o universo me deu de presente. Sei que o meu Deus é provedor do impossível e se você verdadeiramente acredita acontece.

Sempre desejei escrever e motivar as pessoas através da minha história. Como é o meu propósito – e está lá no meu quadro de metas – estou trilhando o meu caminho e vivendo cada passo que preciso para chegar. Autorresponsabilidade. E o meu foco tem que estar voltado para o resultado, pois assim consigo mais energia para conquistar o que desejo.

Aprenda a tirar o foco do problema. Ao acordar coloque seu pensamento voltado para as coisas positivas. Não reclame se algo não sair como planejado, coloque o seu melhor pensamento nesse despertar, ouça uma boa música, ao acordar as crianças faça com carinho. Tente organizar as suas metas de acordo com a emergência de cada uma. Não tente abraçar o mundo, aprenda a dividir tarefas, você pode até ser a Mulher-Maravilha ou Super-Homem, mas vai precisar de apoio. Acredite que o outro é capaz assim como você. Tente encorajar sempre que preciso, uma simples palavra pode mudar a vida de alguém. Nunca trate ninguém com superioridade, um bom líder está sempre ao alcance, passando o que é preciso para ajudar sua equipe, seja humilde.

A organização financeira é muito importante na vida de qualquer pessoa, não somente quem tem empresa, mas sei que não temos essa matéria no colégio. Aprendemos o básico com nossos pais. Eles são o nosso espelho, inclusive nas finanças. Lembro que a minha mãe sempre trabalhou e tinha o seu próprio dinheiro, nunca dependeu do meu pai financeiramente falando, o que não era nada comum naquela época e muito menos para quem morava na roça. Mas tinha algo que me chamava muito a atenção: minha mãe entregava o dinheiro para o meu pai fazer as compras e o extra que ganhava era para comprar as suas coisinhas escondidas do meu pai. Observava, mas não perguntava... um certo dia perguntei e ela afirmou que precisava fazer isso, senão ficaria sem roupa íntima ou sem os produtos de cuidados pessoais. Ela dizia que para o meu pai isso era besteira, mas para ela não. Então cresci achando que teria que fazer as coisas escondidas do meu marido, comprar as minhas coisas sem ele saber.

Consegui mudar este meu pensamento depois da primeira crise financeira familiar, depois do empreendimento que não deu certo. Muito dos acontecimentos foram porque eu não entendia nada sobre as finanças, e achava que estava certa porque sempre funcionou com minha mãe, mas compartilhar é preciso. Senão as coisas não vão fluir. É preciso buscar soluções, mas juntos. Lembro que uma amiga uma vez me contou que tinha acontecido algo parecido e que foi o ponto de partida para conseguir organizar esse lado na relação. Nem sempre vai ser assim tudo anotadinho, eu tenho aplicativo no celular para anotar todos os gatos, isso ajuda bastante para saber onde você pode melhorar, então eu recomendo, afinal hoje temos acesso a várias opções de aplicativos, pois nem sempre é possível parar para fazer a planilha, mas aconselho uma vez no mês fazer uma planilha geral com receita e despesas.

Hoje ainda sentimos os efeitos do empreendimento, acredito que é o período de aprendizado mesmo. As contas da família ainda se enquadram em contas de uma empresa, pois ainda pagamos coisas desse investimento que não deu certo. Mas com o foco em novos projetos em família, tudo dentro das nossas possibilidades, só que não podemos parar de viver e sonhar, porque isso não vai ajudar a pagar as contas e pode nos deixar improdutivos. O que não podemos pular ou deixar para trás levamos com a gente.

Quando vem uma tempestade em nossas vidas precisamos lembrar que a água não vem apenas com o poder de destruição: ela também torna aquele solo mais fértil para plantar. E tudo na vida acontece assim: através da possibilidade de sempre enxergar o lado positivo das coisas.

Este é o seu capítulo

Caro leitor, se você me acompanhou até aqui deve imaginar que abrir o coração para expor a minha realidade com todos os fracassos e também conquistas não seja fácil, mas faz muito bem se lembrar dos acontecimentos e aprendizados.

Quero convidar você a fazer o mesmo... uma viagem em sua história. Escreva aqui a sua caminhada. Você terá aprendizado, relembrará conquistas e potencializará sua força.

Como você se caracteriza? Quais são os seus pontos fortes? Quais características precisa modificar ou aprimorar?

Como você caracteriza os seus valores? Nesta vida, o que é mais importante para você?

Fale um pouco sobre as lembranças de sua infância... onde vivia, as pessoas que trouxeram grande aprendizado, de quem você sente saudades?

Algum momento que foi muito desafiante para vivenciar? Consegue descrevê-lo? O que aprendeu?

Do que você gostava de brincar?

Como iniciou a sua trajetória profissional? O que te deu medo? O que te trouxe força.

Qual momento em sua vida você pensou que não mais teria forças para recomeçar e qual foi a solução que encontrou?

Quais são as pessoas que sempre te apoiaram? (Você já falou para elas o quanto foram importantes em sua vida?)

Quais são os seus sonhos? O que você pode começar a fazer para realizar todos? Em quanto tempo acredita que consegue realizar?

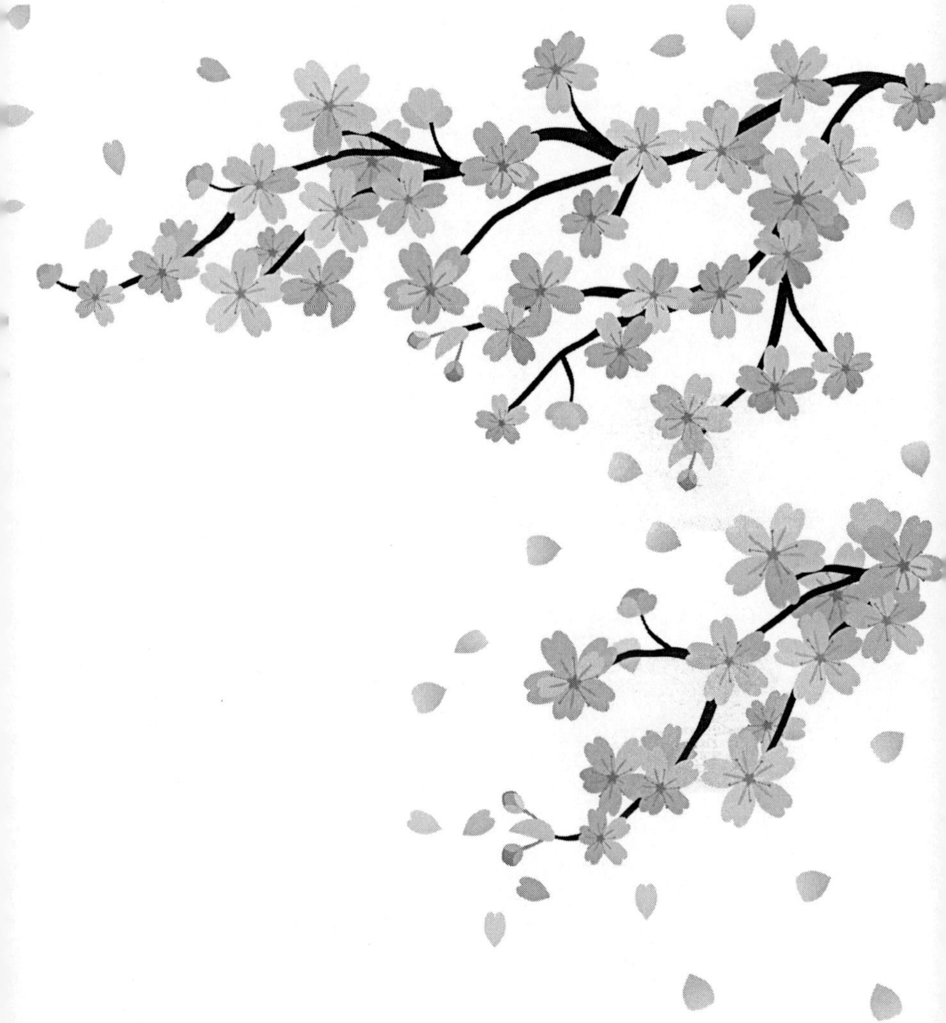

Este livro foi composto por letra em Adobe Garamond Pro
12,0/16,0 e impresso em papel Pólen Bold 90g/m².